www.tredition.de

AF197887

Paul Camenisch

Vom Sein im Sein

Gedichte, die das Leben schrieb

www.tredition.de

© 2016 Paul Camenisch

Verlag: tredition GmbH, Hamburg

ISBN
Paperback: 978-3-7345-2968-9
Hardcover: 978-3-7345-2969-6

Printed in Germany

Vom Sein im Sein

Wir sind Wandernde in Zeit und Raum, welche Räume bevölkern wir mit welchen Gedanken, Gefühlen und Taten? Wir kommen, bleiben nur kurz, gehen weiter, was geht weiter, was bleibt hier und das, was wir zurück lassen, wie kommt das wohl bei den Hiergebliebenen an? Wie gehen wir mit unseren Mitmenschen und uns selber um, was geben wir, was erhalten wir von ihnen? Sind wir zufrieden mit unserem Leben, mit uns und unseren Mitmenschen? Lieben wir und lassen uns lieben, zeigen wir unseren Mitmenschen gegenüber Respekt, sind wir uns selber gegenüber respektvoll, achtsam und wohlwollend?

Innere Bewegtheit

Dein lockender, umgarnender Blick, drängt

mich sanft, dich zu entdecken. Tauche

neugierig in deines Blickes schwere Leich-

tigkeit. Sinke mit dir innerlich umarmend

ab, begleitet, bewegt und tief berührt. Dein

sanftes Drängen trifft mein sehnendes Su-

chen, antwortet fest und zart, erhellt mein

Unbewusstes, stößt meine innere Bewegt-

heit Klang gebunden an.

Ertrunken in dir

Erblicke in deinen Augen ein Meer
von liebkosenden Fragmenten. Er-
greife sie berührungstrunken, ver-
schmelze mit dir in lustvollem Trei-
ben. Trennende Nähe und ver-
schmelzende Distanz erfasst uns in
tiefsten Sphären und erzeugt beja-
hende Begehrlichkeit. Unbewusst,
unendlich ersehnt, tanzen unsere
Seelen, schmiegen sich unsere Lei-
ber entgegen. Nimm mich auf und
lass mich bei dir sein, bis in alle
Ewigkeit.

Seelentanz

Tauche ein in deines Blickes Tiefe,

absteigend erforsche ich deine

Seele, öffne mich deinem gewahr

werdenden Blick ganz und gar,

meine Schwächen und Stärken wer-

den dir offenbar. Schenke dir mein

Wollen und Streben, halte mit dir in

uns mit unergründlich fester Leichtig-

keit inne....

Durstbegehrt

Bebende Wölbungen munden gut,
verschmelzender Reigen zweier mu-
tiger Liebenden. Versunken in offen-
bar werdender Berührung, locken, er-
widern, drängen sanft, innig ohne Un-
terlass mit zittriger Unversehrtheit.

Mein Schatz bist du es bereits oder
bin ich es noch, symbiotischer Rei-
gen, gegenseitig, gleichmäßig erleb-
barer Erquickung.

Ode D'amour

Umarme dein verletzliches, feingliedriges

Wesen, erkunde dein zartbesaitetes Sein,

schenke dir meine Stärken

und atme deine Schwächen in mich

ein. Öffne mich deiner Verschlossenheit,

opfere dir mein Wollen, ohne willenlos zu

sein, erhelle meine dunklen Räume

und bitte ich schaue auch bei deinen rein.

Liebste

Bin berauscht von unserem regen Aus-
tausch, unserem virtuellen Reigen, zartlieb-
liches Miteinander. Heute begegnen wir
uns in der Physis, explodierende Sinnhaf-
tigkeit, direktes mehrkanaliges Erleben.
Öffne mich dir auf verschiedenen Ebenen,
verströme meine Vielschichtigkeit. Lade
dich ein, mich zu entdecken, nehme dich
mit in verschiedene Räume, sei mein Gast
und träume.

Kettenlose Liebe

Wir versinken liebevoll schwebend in

eng umschlungener, raumübergrei-

fender Zuneigung. Hinab in unsere

intimsten, unbewussten vor uns

selbst verborgenen Geheimnisse und

Missetaten. Hinab zu unseren längst

vergessenen Anteilen, kindlicher

Neugierde, erstickt und in Ketten ge-

legt. Öffne die Kerker meiner Sehn-

sucht, tritt ein liebes, befreie mich

und lass dich von dieser Freiheit küs-

sen.

Mein liebstes Bijou

Du dringst respektvoll, sanft und ent-
schlossen in mich ein, empfinde Freude,
Erregung und Furcht. Werde ich dir genü-
gen, wirst du mögen, was du siehst, wirst
du sehen wollen, was du nicht magst?
Öffne dir meine Erlebniswelten, auch die
Ängstlichen, Schuldbeladenen, Zweifeln-
den, die Unschönen. Begrüsse dich, du
süsser Eindringling, ergebe mich dir ganz
und gar, halte nichts zurück, zeige mich dir
nackt und ohne Schleier, umarme dich im
Entdecken meines Innersten und vertraue
dir mein Wesen an.

Reife Liebe

Erkennend trete ich dir gradlinig bli-

ckend und selbstbewusst in deines

Antlitzes Tiefe und Klarheit entgegen.

Du bist die, die mich von meiner

Selbstbezogenheit errettet und ich

bin der, der deinen selbstverliebten

Blick mit Respekt, Geduld und Liebe

sanft und zugleich fest löst, dich von

dir erlöst.   Hand in Hand innerlich

fest in uns ruhend, mit uns tief ver-

bunden schreiten wir gefestigt ins Le-

ben

Furchtlos in uns

Dringe sanft, fest, behutsam in geteilter Erregung in dich, in dein Leben ein. Lose Sinne, explodierende Sinnhaftigkeit in tiefempfundenem Austausch gefestigt, offen und frei. Verschmelzende Münder, Zungen, umschlungene Leiber voller Begehrlichkeit, spielempfundenes Lustbehagen, körperliches Drängen, fließender Nektar, gegenseitig gekostet, dem Wahnsinn vor lustbetonter Erregung nah. Gebendes, eindringliches Nehmen, der Verführung vollständig erlegen und ausgeliefert. Hingebungsvoll dem Andern überantwortet, herzba-

sierende, körperbezogene, tief emp-

fundene Seelennahrung gebende Be-

gehrlichkeit zweier furchtloser Lie-

benden.

Mein Sein

Blicke mit tiefempfundener Zärtlich-
keit in deines Antlitzes Strahlen, er-
hasche deine lieblich gewordene
Menschlichkeit, deine auf Sanftmut
basierende, mitfühlende Verschlos-
senheit, welche nichts verlangt, nie-
manden drängt, sich ruhig und leise
zumutet, mir genug Raum gewährt,
mich selbst zu entdecken und zu of-
fenbaren. Liebes, umschmeichle
deine Zurückhaltung, lade dich ein
mein hingebungsvolles Geschenk be-
freit zu ergründen, locke dich, mich
zu erfahren.

Innerer Kampf

Versinke in deines Blickes Warmher-
zigkeit, sehe ernsthafte Leichtigkeit,
auf Traurigkeit basierende, geläuterte
Freude, im Innern spannungsvolle
Kämpfe ausgetragen, an sich ge-
zweifelt, sich gerügt, gelobt und sich
verloren. Wahrlich mutig ringst du in
dir, hast längst erkannt, dass der
äussere Kampf eine grosse Illusion
und Ablenkung ist, der dich nur von
deinem inneren Ringen abhält.

Schatten

Unsicher und doch drängend zieht es mich in die Tiefen meiner Selbst. Furchtsames Schweigen, misstrauisches Blicken, feindseliges, vorwurfsvolles Wegschauen. Sehe finstere, ausgemergelte, verarmte Gestalten in ihre Verliesse vor mir fliehen. Erkenne in diesen armseligen Kreaturen, Opfer längst vergessener Enttäuschungen und Trauer. Sehe in ihnen meine Wut und Missgunst, meinen Hass und Neid, der ausserhalb begann und nun im Innern unablässig am Stachel des Haders krankt.

Besitz

Sehne mich nach menschlicher Nähe, fürchte aber zugleich nichts mehr als die Menschen. Sie können so viel Gutes tun und zugleich so böse sein. Möchte mich ihnen verschenken, mich vereinen, möchte ihnen Freude und Muse sein. Sie wollen aber besitzen, sie wollen mich haben, sie verstehen gar nichts. Wenn sie mich nur liessen, mir zuhörten, mir mein Geschenk an sie schenken liessen und es nicht rauben würden. Sie würden so viel mehr Freude und Frieden finden. Leider wollen sie nur besitzen.

Gefunden

Grüsse dich mit reinem Herzen, sage

ja zu dir, gehe vorsichtig und sanft

auf dich du menschliches Wesen zu.

Sehe deine Bedenken, deine Furcht,

aus Verletzungen entstanden, er-

kenne deine Hoffnung, dein Aus-

schau halten, aus der Liebe geboren.

Bin aus der Liebe geboren, halte

Ausschau nach deiner Hoffnung,

habe dich gehört und gefunden,

werde liebevoll sanft und freundlich

sein.

Verzeihen

Verzeihe mir Mensch, wenn es mir
bisweilen an Respekt für dich man-
gelt, entschuldige, wenn ich mich dir
gegenüber überhöhe, wenn mein Mit-
leid dich kleiner macht als du wirklich
bist. Habe Geduld mit mir, wenn ich
dich übersehe oder überhöre, wenn
ich dir gegenüber unachtsam bin,
dich vernachlässige oder mich gar für
dich schäme und dich verleugne.
Bitte sei nachsichtig mit mir, Mensch.

Angst

Sie scheint sich anzuschleichen,

überkommt dich, schneidet dich von

dir, deiner Hoffnung und Liebe ab,

Sie dunkelt das Lichte ab, schwärzt

das Helle, färbt dunkel deine Gedan-

ken, saugt dich in etwas Schweres

ein, es gibt kein Entkommen. Manch-

mal entsteht sie direkt in deinem in-

nersten Herzen, umklammert es kalt

und klamm und gibt keinen Raum

zum Atmen. Deine Angst bist du und

du bist deine Angst, verbinde dich mit

ihr, sie hat dir Wichtiges zu berichten,

höre ihr genau zu und lerne.

Hader

Es lässt dich nicht mehr los, es lässt dich nicht mehr in Ruh. Es ist ein feiner, kaum sichtbarer Stachel in deinem Herzen, der dich glauben machen will, dass das Objekt deines Haderns im Aussen ist. Du siehst es ja ganz genau, du fühlst und empfindest so und glaubst den Verursacher ohne Zweifel zu kennen. Der Stachel aber ist nicht im Aussen, der Stachel ist in dir und dort wird er auch bleiben.

Sehnen

Ein leises und feines Ziehen in mei-

nem Herzen, drängt mich Innenschau

zu halten. Was hat mich angeregt,

was berührte mein Herz, dass dieses

Erklingen begonnen. Suche mensch-

liche Nähe, suche Ermutigung, Be-

achtung, Wärme und Verständnis,

spüre feine Knospen dieser Qualitä-

ten in mir, noch so unendlich zer-

brechlich. Bitte halte inne Mensch,

schau mir tief in meine Augen und

nähre mein Sehnen.

Vergessen

Tiefes Vergessen legt sich dunkel
und schwarz undurchdringlich über
mein gesundes Herz. Tiefe Gedan-
kenlöcher, Erinnerungslücken über-
all, ahnendes Verschwinden, vorbei-
huschende Schatten. Beunruhigende
Gefühle, verlorene Verlässlichkeit,
schwindende Sinne und Furcht vor
jedem Augenblick. Sterbe von Mo-
ment zu Moment, opfere meinen
Geist dem Vergessen, ohne dass ich
es weiss.

Wollust

Berühre deinen vibrierenden von Zu-

ckungen heimgesuchten Leib mit

lustspendenden, zärtlichen Händen.

Reite mit dir eng umschlungen durch

explosionsartige Windungen wellen-

gleich. Feuchte züngelnde Münder,

nasser wollüstiger Schoss, strammer,

magischer Stab, willkommener Ein-

dringling in tiefer Verzückung gegen-

seitiger rhythmischer Bewegungen

und tief empfundenem Ergiessen.

Wage etwas

Zärtlich und scheu schaue ich dir verstohlen nach, sehne mich nach einem Zeichen, einer Regung von dir. Bewundere deinen sicheren Gang, dein vornehmes über den Grund gleiten, deine aufrechte Gesinnung. Nur Mut scheuer Fremder, zeige dich mir, sehe dein zartes Wesen, deine unsicheren Blicke an mir haften. Gib dich zu erkennen, leg deine Verstohlenheit ab, zeige dich mir, getraue dich, sonst bin ich weg!

Der Fremde

Kam einsam, unsicher und mit unguten Ahnungen in diese Welt. Fühlte mich nie heimisch, war ein Fremder, selbst mir gegenüber und hielt mich von allem fern. Lernte mich selber kennen, schloss Freundschaft mit mir und der Welt, war plötzlich kein Fremder, umgab mich mit Freunden, wurde selber freundlich, zugänglich und offen. Habe mich verändert, bin einer von euch, vermisse leise den Fremden und suche manchmal nach ihm.

Wut

Unkontrollierte Feuer lodern in meinem Wesen, ungebändigt, zerstörerisch, zehren an mir und den Andern.

Sie explodieren plötzlich, fern jeder

Kontrolle, vergiften mein Inneres,

drängen destruktiv nach Draussen,

suchen nach Vergeltung, suchen sich

einen Feind oder gar zwei. Hässliche

Fratzen bevölkern mein Antlitz, weit

ist freies Handeln, tiefe Knechtschaft

willenlose, ungewollte Zweisamkeit.

Einsamkeit

Bin alleine gekommen, brauchte Zeit
Vertrauen zu fassen, lebe einsam al-
lein und unter Menschen. Fühle mich
ihnen nicht gewachsen, bin ein
scheuer unter ihnen, weiss nicht, wie
ich zu ihnen finden, wie ich sie errei-
chen kann. Unternahm zaghafte Ver-
suche und merkte, dass die Men-
schen auch einsam sind, es nur nicht
wissen und dies vor sich selbst ver-
bergen. Das Wissen schmerzt sehr,
dass wir so viel alleine sind und ge-
hen.

Traumgeboren

Herzzerreissende Stille durchdringt

die Weite, berührt und bedrängt lü-

ckenlos das grenzenlose Sein.

Klanggebundene in sich gefangene

auf Freiheit basierende Abhängigkeit,

freiwillig geknechtet in bewusstem

Akt. Wir können unserem Schicksal

nicht entfliehen, nur bewusst entge-

genträumen.

Tod

Unangemeldet, kalt und unerbittlich

klopft er an, entreisst dich deinen Lie-

ben, deinem Leben. Er nimmt dich

mit ins Vergessen, durchtrennt deine

Erinnerung, begleitet dich nur kurz

und überlässt dich deinem Schicksal,

getragen von deinen vergangenen

Taten. Wie waren sie du Wanderer

der Zeiten, du wirst es erleben und

wissen wie du gedacht, gefühlt und

getan mit dir, deinen Freunden und

Feinden.

Abschied

Leise stiehlst du dich aus meinem

Leben, entreisst dich mir gewaltsam,

warum nur hast du das getan? Wo

bist du, vermisse dich so, suche dich

in Worten, Dingen, Menschen und in

mir, warum hast du mich verlassen?

Was hat dich dazu gedrängt? Oh

welche Wut und Trauer mich um-

klammert hält. Stehe still, ringe mit

mir, dir, deinem und meinem Leben,

warum nur Liebster bist du gewalt-

sam von mir gegangen?

Selbstgenügsamkeit

Drehst fein und zart deine Kreise,

verströmst deine Neugier und Zärt-

lichkeit, blickst weit und Tief in Zeit

und Raum, erfreust dich am Dasein,

genügst dir, gehst achtsam mit dir

und allen anderen um, machst keine

Unterscheide, bevorzugst niemanden

auch dich nicht, beachtest alle auch

dich ganz selbstverständlich, tanzest

die Bewegung des Lebens und der

Liebe, getragen von weiser Selbstge-

nügsamkeit.

Geduld

Du wartest geduldig im Sprechen und Handeln, lässt deinen Gedanken genügend Raum, sich zu ordnen, ladest deine Gefühle ein, sich dir zu offenbaren, lässt deine schnellen Regungen vorüber, ohne ihnen nachzugeben. Bist Weise und weisst, wie ratsam es sein kann, den ersten Sturm, nicht handelnd, vorüber ziehen zu lassen. Wirst nicht vom Strudel erfasst, der dir nach deinem Handeln Reue erleben lässt.

Zweifel

Schwanke, vom Zweifel geplagt, der Verunsicherung anheimgefallen, keiner eindeutigen Richtung zugehörig, vom rettenden Anker weiter denn je entfernt. Aufgespalten, in tiefer Uneindeutigkeit und Uneinigkeit gefangen, dahinpendelnd. Komm, führe mich von der rhythmischen, von Pein beseelten Versuchung hinfort. Gib mir Halt, gib mir die Richtung, den rettenden Anker bevor, sodass ich nicht im Dazwischen, dem Niemandsland verloren gehe.

Unruhe

Leise nagt etwas in mir, kann ihm nicht habhaft werden, kann es nicht genau benennen, es nagt aber ganz deutlich. Es scheint eine Mischung aus sehnen, vermissen, unsicherem beunruhigt sein. Darin mischen sich Fragen, zweiflerischer Natur. Kann ich mir deiner sicher sein. Vor wenigen Augenblicken war dies noch der Fall. Aber jetzt bin ich mir nicht mehr sicher, ob du mich noch magst, ob du mich noch liebst, ob du mit mir weiterhin zusammen sein willst, wie mich das beunruhigt.

Stärke

Kraftvoll, stark und zuversichtlich ver-

sprühst du dich in alle Richtungen.

Bist Inspiration und Quell vieler Men-

schen. Nimmst ihre zaghaften Ge-

fühle, ihre Unsicherheiten und Über-

besonnenheit, ihr Zögern in dich auf.

Atmest ihre selbst schwach machen-

den Anteile in dich ein, schenkst und

gewährst ihnen grosszügig deine

Stärke, ummantelst sie mit einem fei-

nen Film nach aussen gerichteter

Stärke, die aber niemand verletzt und

in tief verankerter Sanftheit und Ge-

duld gründet.

Dankbarkeit

Bin dankbar für alles, was ich be-
komme und hüte mich davor, diese
Dinge als gut oder schlecht, als an-
genehm oder unangenehm zu be-
zeichnen. Habe längst erkannt, dass
sich Gutes in Schlechtes verwandeln
kann und umgekehrt. Habe erlebt wie
aus Freunden, Feinde geworden, wie
aus Reichtum tiefe Armut geboren.
Wenn es mir gelingt, mit dem zufrie-
den zu sein, was ist, mir das Leben
gibt oder nimmt, nur dann bin ich
wirklich fürs unsichere Leben ge-
wappnet.

Freude

Welch prickelndes, sektgleiches,

leichtes nach Aussen gerichtetes,

mitteilungsbedürftiges Gefühl in mir

wohnt. Es möchte sich verschenken,

möchte alle umarmen, umschliessen

ohne dabei einschränkend sein zu

wollen. Wie gut und richtig es sich

anfühlt, wie kommunikativ und spru-

delnd es so dahin hüpft. Kommt, lasst

euch davon anstecken, berühren,

lasst euch davon bezirzen, jede

kleinste Schwere, die in euch wohnt,

wird augenblicklich weichen.

Ernst

Talgleiche, tiefe Furchen haben sich
in deine Stirn gegraben. Flüchtig, ge-
dankengleich begonnen, haben sich
zuerst zaghaft im Fleisch niederge-
lassen und nun nach Jahren nicht nur
vorübergehender Bewohner sondern
Hausbesitzer geworden. Schwere,
nachdenklich, besorgte Gedanken
gedacht, fern von lichten, leichten,
oberflächlichen Inhalten. Was hast du
gewonnen, gezeichnet vor tiefen Fur-
chen? Hast du Erkenntnisse erlangt
und wenn ja, hat es jemandem ge-
nutzt?

Mitgefühl

Feines, leises Wohlwollen mit dem Wunsch beseelt, anderen möge es gut gehen, begleitet dein Dasein. Du fürchtest dich nicht vor ihrem Leid, du wirst davon nicht erdrückt, weil du leise Zuversicht, Geduld, Liebe und tiefe Erkenntnis in dir vereinst. Du bist kein Mahner, kein Kritiker, dem Wohlwollen, der Güte, der leisen und doch eindringlichen Töne zugetan. Das leise, stete dringt unbemerkt in tiefere Schichten, höhlt Unnützes aus und schwemmt es weg.

Entrissen

Du wurdest mir entrissen, spüre deutlich die Wunde, du hast dich nicht sanft von mir gelöst. Wollte dich halten, du gingst so schnell weg, dass ein Riss entstand. Drücke dich gewaltsam in die Wunde zurück, um dieses Nichts von Schmerz, Pein und Qual zu füllen, zu heilen. Du bist aber nicht mehr da, du kommst auch nicht zurück. Die Wunde war nicht im Fleisch, im Herzgeist, geboren aus meiner Vorstellung, wie alles. Oh, je, stelle mir schon das Nächste vor.

Verbundenheit

Ich bin so vieles, spüre grosse Ähn-
lichkeit und zugleich Unterschiede in
mir. Erfreue mich an und fürchte mich
vor mir. Erlebe mich als Gefangener
der Gegensätze, erfahre in seltenen
Momenten, jenseits dieser Span-
nungspolen, tiefe Verbundenheit.
Weiss nicht, wie ich das erreichen
kann, wenn es geschieht wird Zeit,
Raum, Denken, Fühlen aufgehoben
und vereint. Es ist wie ein Kuss zwi-
schen zwei Liebenden, die eins wer-
den, jenseits des kleinen Ichs ver-
schmelzen.

Neid

Du missgönnst einem Andern den Erfolg, möchtest in selber kosten, bist neidisch auf das, was dein Mitmensch gut kann. Dieses Gefühl kannst du aber nicht offen zeigen, du verheimlichst es, innerlich vergiftet es dich, leiser als Wut und Hass, aber genauso giftig. Dieses Gift wirkt langsam aber stetig, wenn du davon nicht loskommst, wirst du ein sehr schmutziger, verunreinigter, armseliger und erstarrter Mensch werden. Sei nicht neidisch auf die Anderen, aber fürchte den Neid.

Trauer

Es fehlt mir etwas, jemand ist nicht mehr da. Etwas Unseliges hat mich heimgesucht, hat sich zwischen uns gedrängt. Schmerzliche Distanz, ferngebliebene Nähe mit gelöster, nichthaftender Verbindung. Liebes du fehlst mir als körperliches, empfindsames, denkendes, liebendes und tätiges Wesen. Du warst mir so wohlgesonnen und gabst mir von vielem so viel und nun leide ich Mangel an dir. Du hast mir nichts weggenommen, gibst mir nur nicht mehr, was du gabst.

Mut

Zeige Festigkeit in dem was du als
richtig und wichtig erkannt hast. Lass
dich nicht verführen in die Irre leiten.
Sei innerlich sanft, unbedrängt und
nach aussen fest, gegenüber den
Verführern hart und unnachgiebig
aber nicht nachtragend. Bekämpfe
nichts und niemanden, stehe aber
mutig für das ein, was du nach reifli-
cher, besonnener Prüfung als richtig
und wichtig erkannt hast. Entspanne
dich, sei heiter, verströme Zuversicht,
sei bewusst durchlässig oder ver-
schliesse dich ganz und gar.

Reichtum

Spüre in mir, tief verborgen, aus un-

bewussten Schichten, sprudelnde,

reiche Quellen, von dieser Welt und

mit entfernten Existenzen verbunden.

Darf diesen Fluss nicht behindern,

lass ihn in alle Richtungen strömen,

um so neue Quellen zu erschliessen.

Bin durchdrungen und tief erfasst von

menschlichem Reichtum, lass es ge-

schehen, behindere nichts und wün-

sche mir, dass ganz viele Menschen,

diesen Reichtum in sich entdecken,

um sich und andere zu bereichern.

Menschliche Reife

Ruhe kraftvoll, stark und besonnen.
Bin geduldig, tröste wo nötig, gebe
Halt und Führung wo angezeigt. Bin
ruhig, leise, sanft und gewährend, wo
angemessen. Bin klar, streng, uner-
bittlich, wo ich muss und zeige fei-
nen, positiv gestimmten Humor, wo
angebracht. Bin ein reifer Mensch
und mir stets bewusst, dass mein
Denken, Fühlen und Handeln Ein-
fluss auf mein Leben und das Leben
derer, die mit mir zu tun haben, hat.
Deswegen bin ich sehr aufmerksam.

Über dieses Leben hinaus

Es ist letztlich nicht erstrebenswert
Lob, Status, Reichtum erlangen zu
wollen, nur um sich wohl zu fühlen.
Dieses Leben an und für sich ist sehr
unbeständig und unsicher, darin fin-
dest du kaum Sicherheit. Und obwohl
du das weisst, jagst du diesen As-
pekten fast 24 Stunden pro Tag
nach, selbst im Schlaf. Aber warum
solltest du es lassen und was Ande-
res könntest du tun? Erst durch tiefes
Schauen und Erleben des Leidens
wirst du aufbrechen können.

Verankert im Sein

Du kommst alleine auf diese Welt und wirst sie alleine verlassen. Dazwischen kannst du, wenn auch meist nur im Kleinen, einiges bewirken. Denke freundliche Gedanken, erkunde deine Gefühle mit Neugier und Offenheit, achte genau auf deine Gefühle. Gib den Guten nach und verwandle die Bösen in dir, ohne sie zu schlucken. Sei freundlich, respektvoll und geduldig mit dir und deinen Mitmenschen. Unterstütze sie und dich im Bestreben, ein anständiges Leben zu führen.

Zeitfracht Medien GmbH
Ferdinand-Jühlke-Straße 7
99095 Erfurt, Deutschland
produktsicherheit@kolibri360.de